seahors

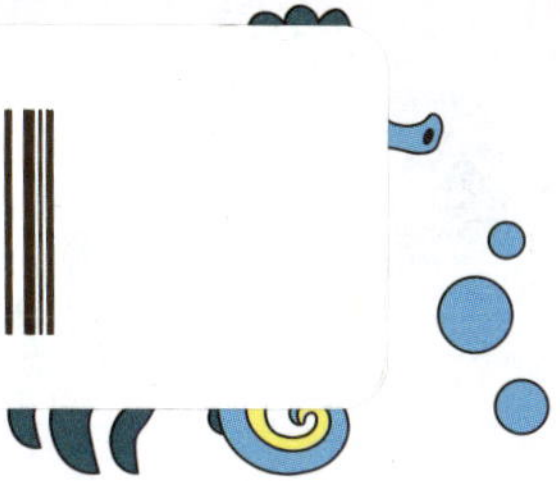

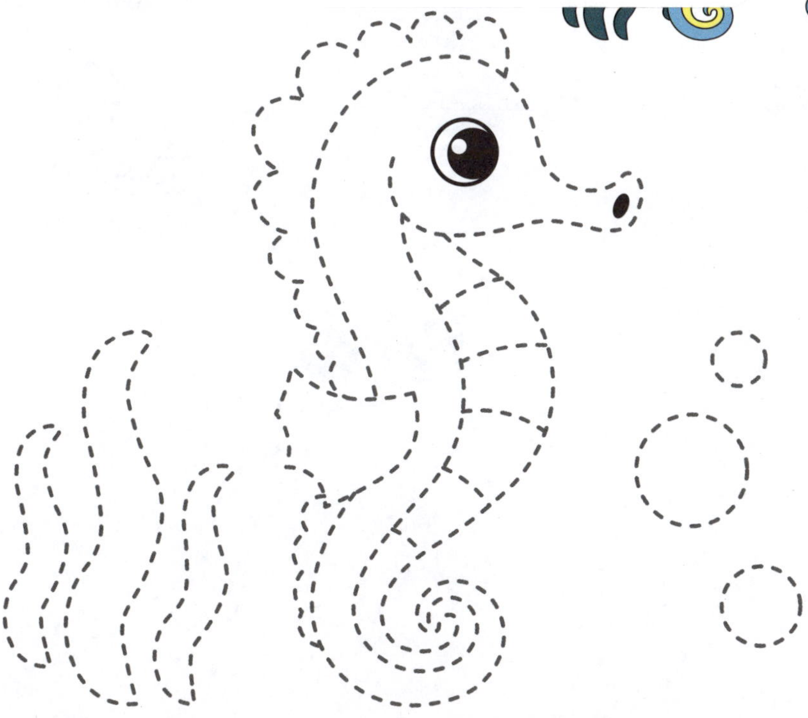

cuttlefish

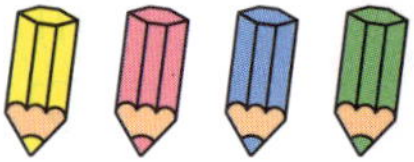

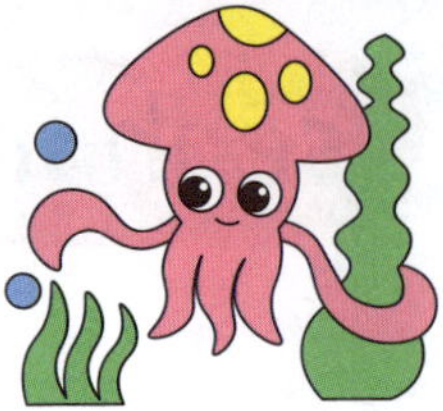

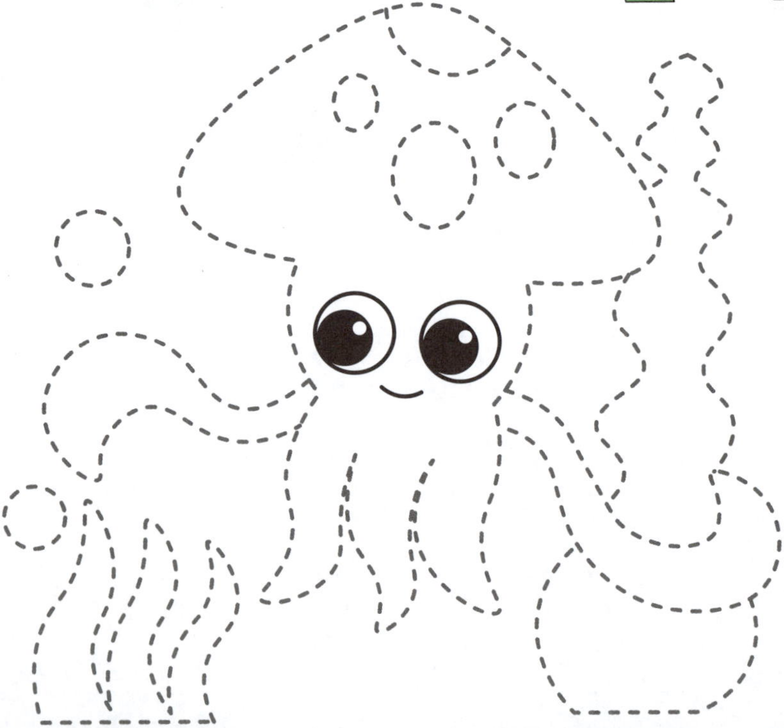

pufferfish

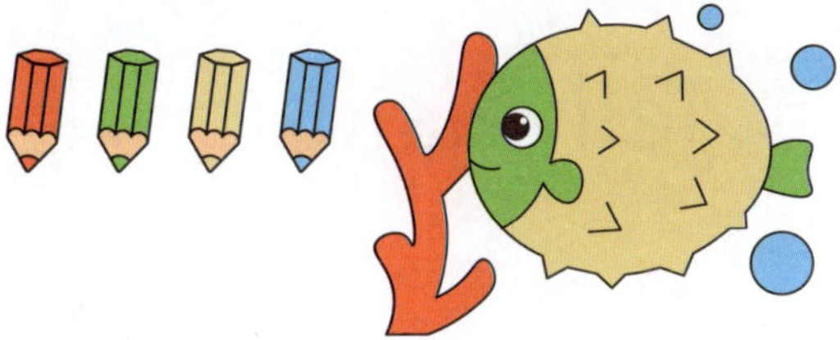

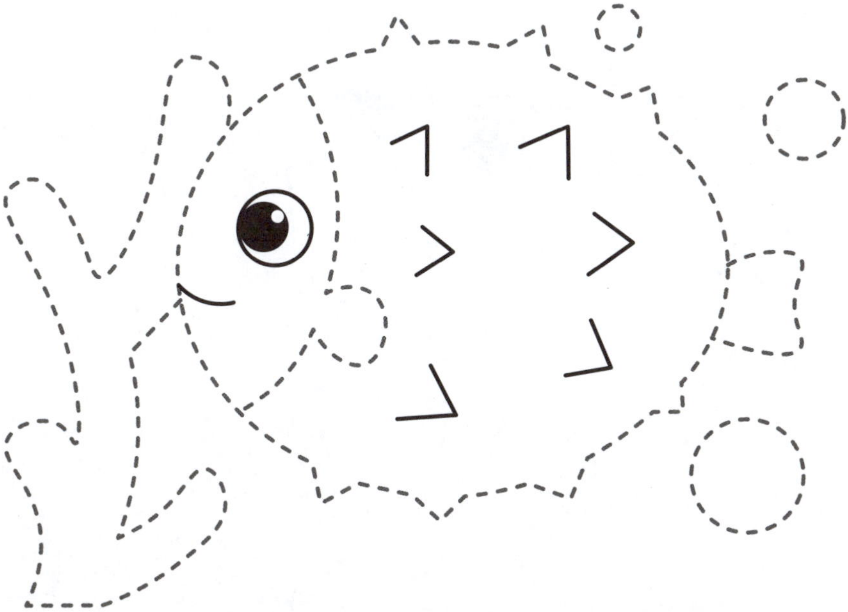

jellyfish

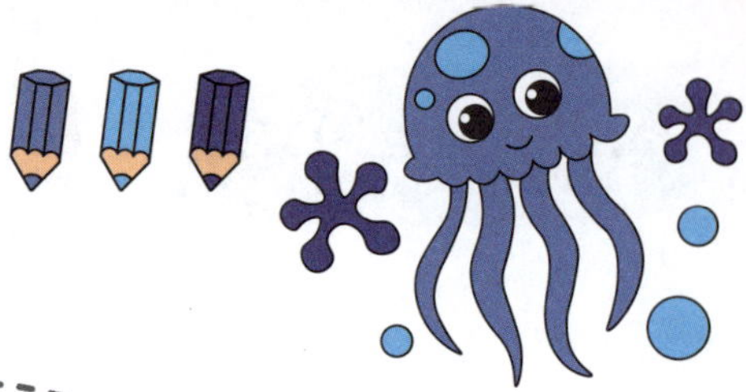

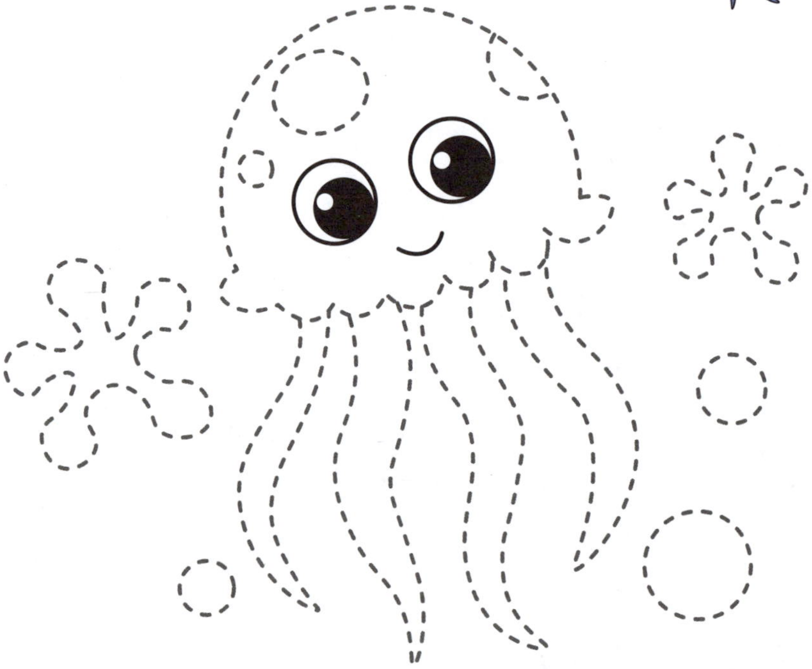

crab

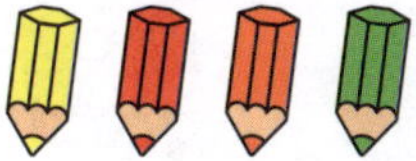

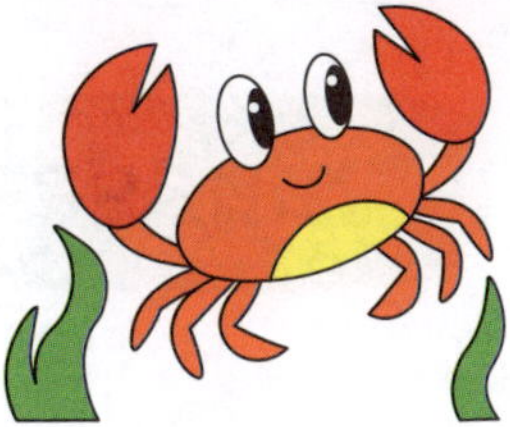

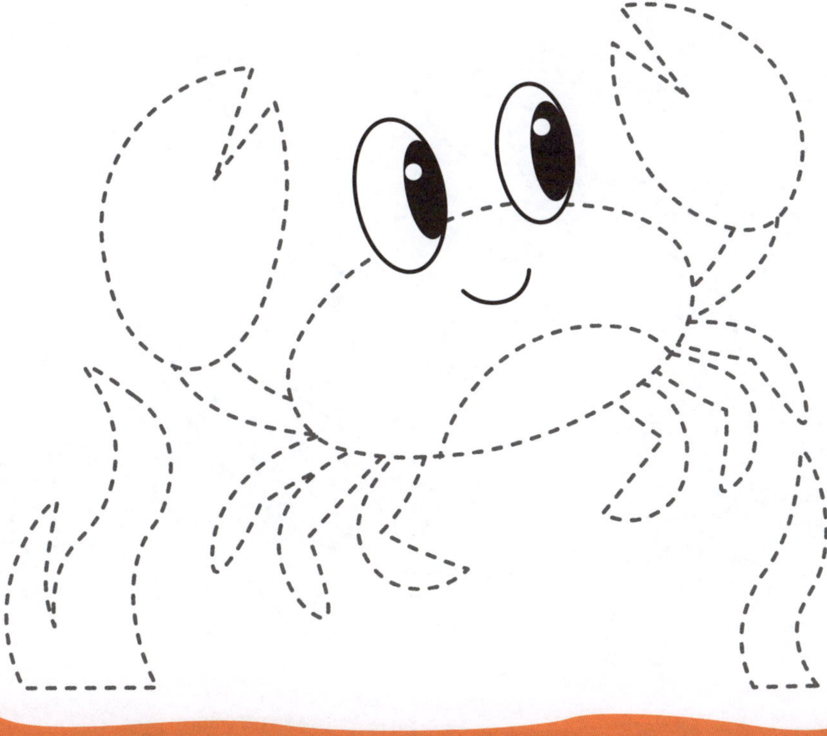

mussel

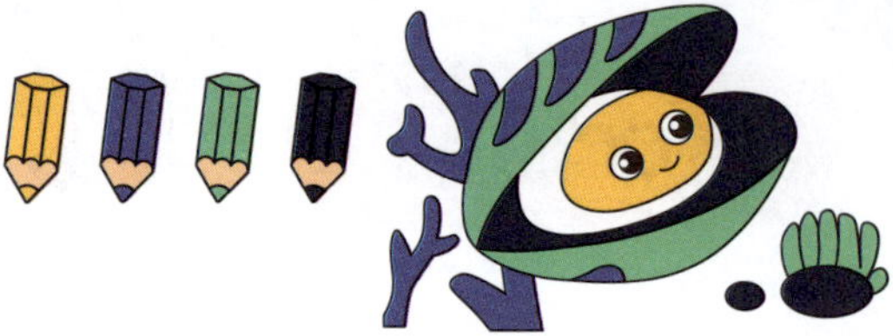

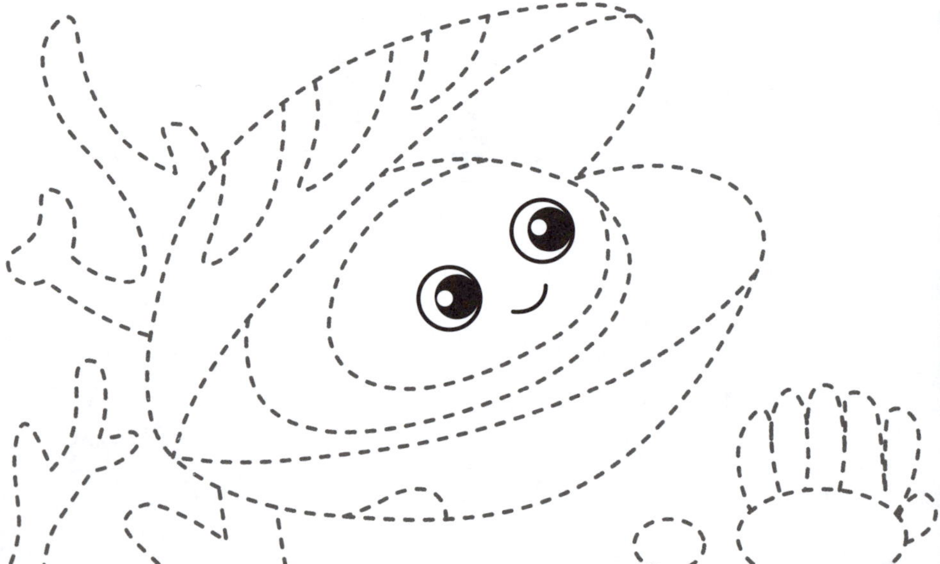

octopus

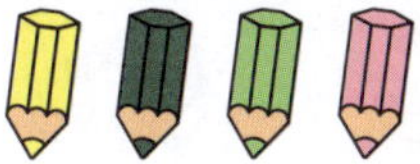

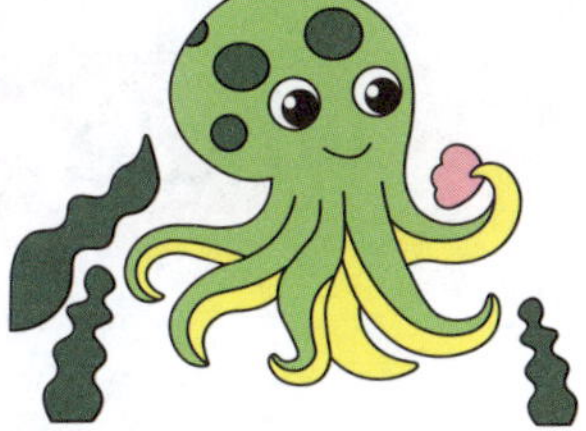

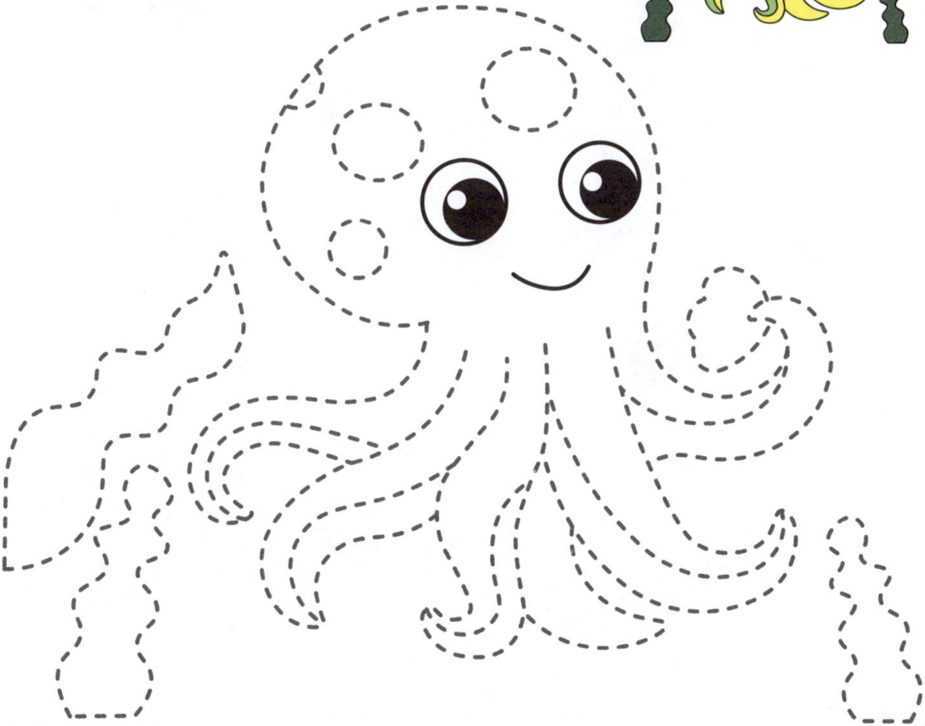

whale

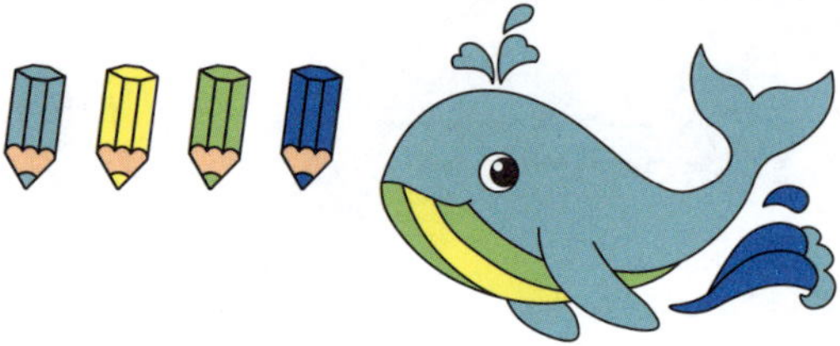

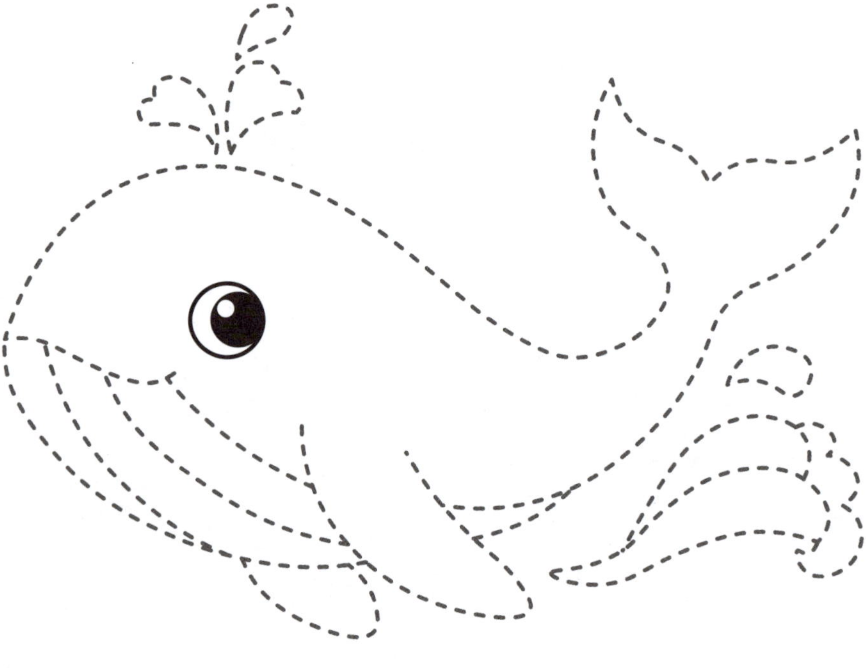

dolphin

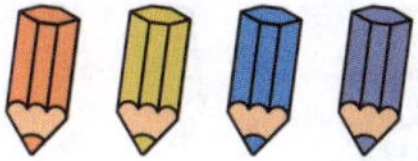

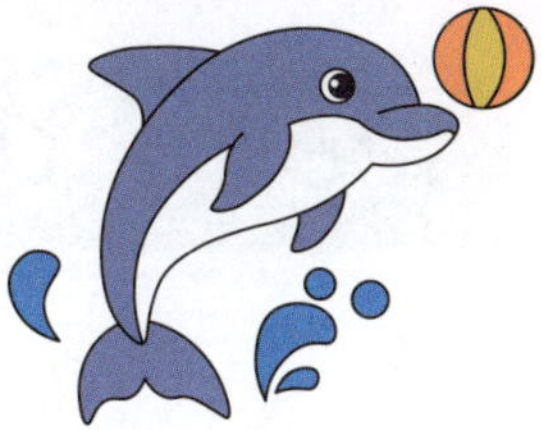

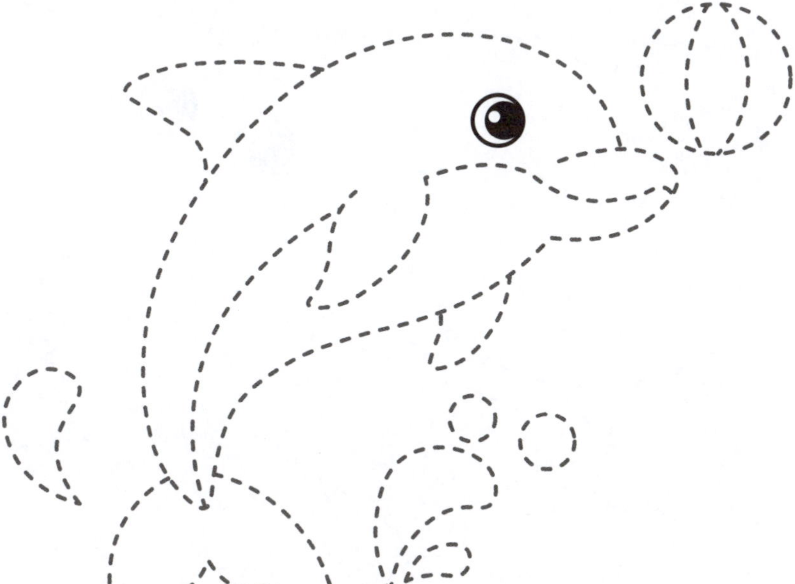

sea turtle

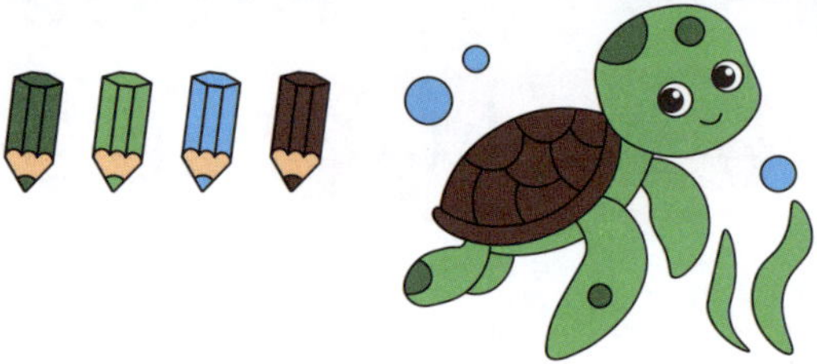

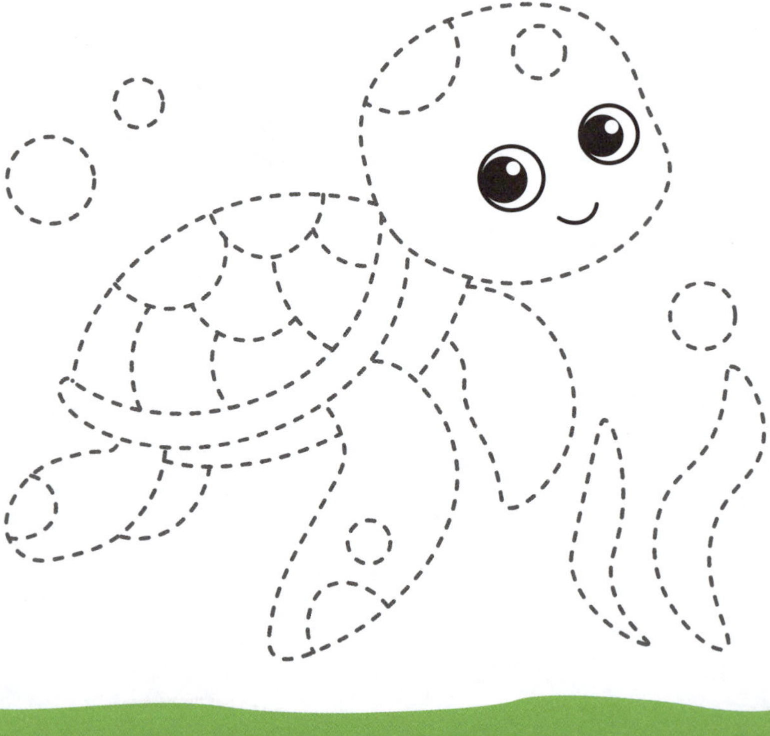

lobster

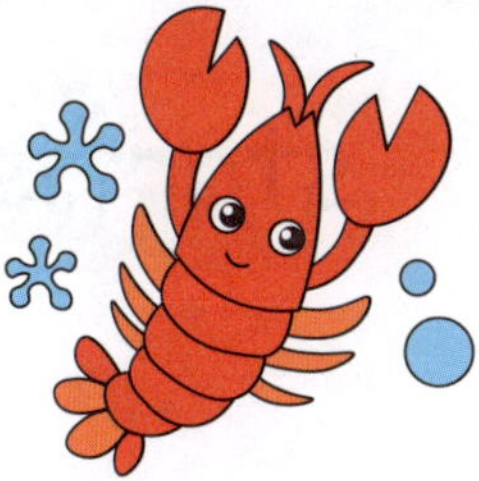

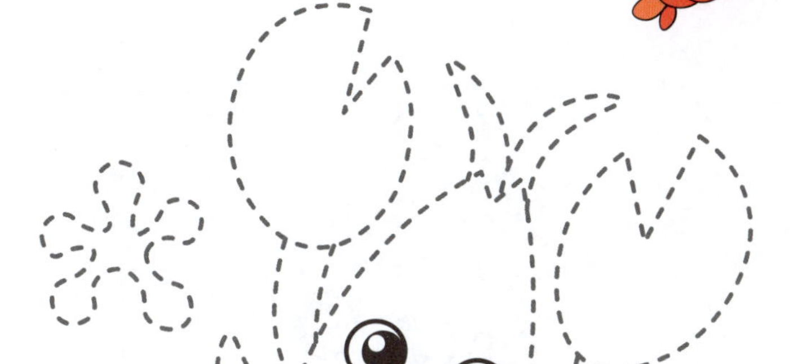

starfish

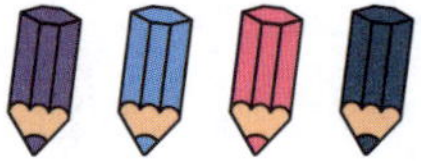

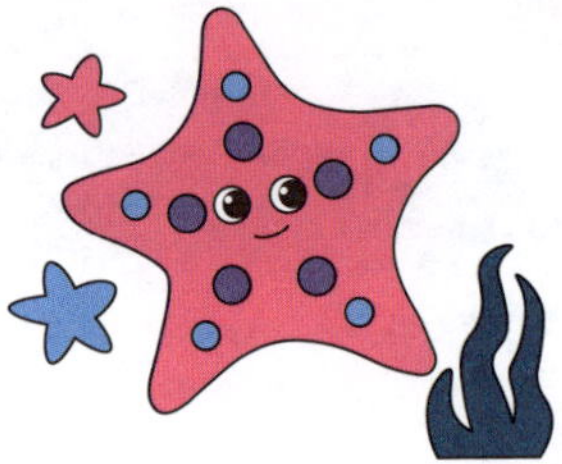

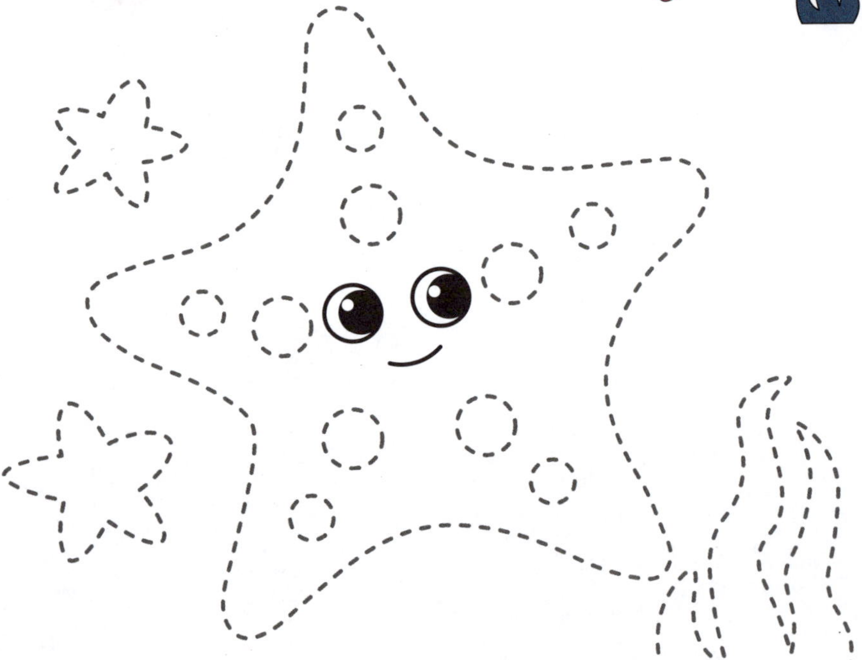